"*Pages actuelles*
1914-1916

NOTRE VISITE EN IRLANDE

(7-14 OCTOBRE 1916)

PAR

Pierre BATIFFOL

BLOUD ET GAY, Éditeurs

PARIS, 7, PLACE SAINT-SULPICE
CALLE DEL BRUCH, 35, BARCELONE

NOTRE VISITE
EN IRLANDE

NOTRE VISITE

EN IRLANDE

PIERRE BATIFFOL

NOTRE VISITE EN IRLANDE

(7-14 OCTOBRE 1916)

BLOUD ET GAY, ÉDITEURS

PARIS, 7, PLACE SAINT-SULPICE, 7
35, CALLE DEL BRUCH, BARCELONE

1917

NOTRE VISITE EN IRLANDE

(7-14 OCTOBRE 1916)

L'amour de l'Irlande a été un sentiment de la
France du XIXe siècle, profond chez tous les Français en vertu de la communauté du sang celle, plus
profond et plus tendre chez les Français catholiques en vertu de la communauté de foi, en vertu
de l'admiration et du respect que nos pères ont
voués à un peuple qui a si magnifiquement souffert dans sa foi et pour elle. L'âme et les épreuves
de l'Irlande ont été connues chez nous bien avant
que l'on ne s'y intéressât à la renaissance du
catholicisme en Angleterre : longtemps avant les
études de M. Thureau-Dangin et de Henri Bremond sur le catholicisme anglais, nous avions eu
l'Irlande sociale, politique et religieuse (1839) de
G. de Beaumont, les *Etudes sur l'Irlande contemporaine* (1862) du cardinal Perraud, alors le
P. Adolphe Perraud. Tout récemment, comme
pour témoigner que l'attachement à l'Irlande ne
faiblissait pas parmi nous, le gendre de Taine,
L. Paul-Dubois, publiait le beau livre, si pénétré

d'intelligence, d'observation, et aussi d'émotion, qui a pour titre *l'Irlande contemporaine et la question irlandaise* (1907).

La génération libérale et romantique s'était éprise d'un pays catholique qui luttait pour la conquête de sa liberté civile et politique, et qui avec O'Connell venait de faire triompher sa cause *sans une violence*. La veille du jour où Charles X signait en France les ordonnances qui allaient perdre la monarchie légitime, le jeune comte de Montalembert (il avait dix-huit ans) partait pour l'Irlande, rêvant d'écrire une histoire d'Irlande. Augustin Cochin a raconté jadis ce voyage qui était à la vérité un voyage de découverte : « Montalembert, écrivait-il, fut ébloui par la nature et ému par le passé de ce pays poétique. »

Il vit cette contrée riante et pittoresque, ces cascades, ces rochers, cette verdure, tous ces aspects qu'une Providence maternelle semble avoir prédestinés à la consolation des malheureux. Il fit soixante milles à cheval pour visiter O'Connell dans son manoir. Il contempla avec attention cette nation martyre, opprimée, fidèle, héroïque... Il avait entendu chanter ce bel hymne, entonné par soixante mille hommes qui agitaient des branches vertes en l'honneur de la victoire électorale d'O'Connell : *Les hommes de Clare savent que la liberté est fille de la religion : ils ont triomphé parce que la voix qui s'est élevée pour la Patrie avait d'abord exhalé la prière au Seigneur...*

Il ne faut pas chercher ailleurs l'origine du

sentiment qui a uni depuis un siècle la France
catholique à l'Irlande. Il y a de cette ferveur française et catholique un monument impérissable,
l'éloge funèbre d'O'Connell prononcé par le
P. Lacordaire à Notre-Dame de Paris, le 10 fé-
vrier 1848, quinze jours avant la Révolution où
disparut la monarchie de Louis-Philippe. Ce discours est plein d'éclat : l'amour de Lacordaire
pour la liberté s'y affirme plus confiant que nulle
part ailleurs peut-être, mais l'intérêt du discours
n'est pas là pour nous, il est dans le portrait que
Lacordaire trace du grand agitateur irlandais, il
est dans l'accent que prend sa voix à parler de
l'Irlande.

Il est une nation qui n'a point accepté le joug, qui, esclave
matériellement, est demeurée libre par l'âme. Une des
plus fières puissances du monde s'est prise corps à corps
avec elle pour l'entraîner dans l'abîme du schisme et de
l'apostasie. Vouée à une guerre d'extermination, elle a
succombé sans trahir ni le courage des combats ni le courage de la fidélité à Dieu. Spoliée de sa terre natale par
des confiscations gigantesques, elle a cultivé pour ses
vainqueurs le champ de ses aïeux, et trouvé dans ses
sueurs le pain qui lui suffisait pour vivre avec honneur et
pour mourir avec foi. La famine lui a disputé ce morceau
de pain, elle a levé vers la Providence des yeux qui ne
l'accusaient pas. Ni la guerre, ni la spoliation, ni la famine
n'ont réussi à la faire périr ni à la faire apostasier.

Comme dans toute l'œuvre de Lacordaire, avec

la plus romantique des éloquences, il y a dans cet éloge d'O'Connell des intuitions psychologiques et politiques d'une rare pénétration, dont je ne veux rappeler que celle-ci, l'actualité en est saisissante :

O mon Dieu, père de la justice, je vous rends grâces de ce qu'en ces temps témoins de trop de mystères d'iniquité, vous permettez à mes lèvres de faire ici l'éloge d'un homme de justice, dont la longue et agitée carrière n'a pas coûté une goutte de sang, ni même une larme, et qui, après avoir remué plus d'hommes et plus de peuples que nous ne le trouvons marqué en aucune histoire, est descendu au tombeau pur de tout reproche, sans craindre que jamais âme qui vive puisse soulever sa pierre sépulcrale pour lui demander compte, dans les cinquante ans de sa vie publique, je ne dis pas d'une action coupable, mais d'un malheur.

Voilà comment on parlait de l'Irlande en France[1], en 1848. L'Irlande nous le rendait : la France était là-bas populaire et aimée de longue date, comme une force, comme une générosité, comme un secours d'outre-mer.

> *Les Français sont sur la mer :*
> *ils vont arriver sans retard,*
> *disait la « pauvre vieille femme ! »*

[1] Un ami de Louis Veuillot me fait remarquer que Louis Veuillot parlait le même langage, et c'est très vrai. On pourra lire au tome III de ses *Mélanges*, l'article du 27 mai 1847 qui a pour titre *Mort de M. O'Connell*, et l'article du 24 août 1847 qui a pour titre *Oraison funèbre de M. O'Connell par le P. Ventura*.

La « pauvre vieille femme » de la complainte (et ces trois mots sont en irlandais, tandis que le reste de la complainte est en anglais), c'était l'Irlande traditionnelle, les yeux tournés vers les alliés de son cœur. En ce temps-là, on n'aimait guère l'Angleterre en France : l'Irlande nous en savait gré peut-être. Ce n'est pourtant pas l'anti-britannisme qui faisait que l'Irlande nous rendait l'amitié que nous avions pour elle. Ce n'est pas non plus, comme l'a très bien observé M. Paul-Dubois, le souvenir de l'accueil fait aux Irlandais par les armées des Bourbons, ou par celles de Napoléon, dans la fameuse Brigade Irlandaise. C'est davantage une certaine affinité de caractère, peut-être même de défauts, qui a fait dire à un voyageur que les Irlandais sont les Français de l'ouest :

Nulle part, écrit M. Paul-Dubois, nos révolutions n'ont plus fait vibrer les foules que dans l'Irlande de 1789 et de 1848. Nulle part nos malheurs n'ont provoqué plus de regrets, de larmes. L'auteur de ces lignes n'oubliera jamais comment un paysan du comté de Mayo, avec lequel il causait un jour au pied des ruines de l'abbaye de Murrisk, vint à lui parler des choses de France, puis, gravement, de sa douce voix triste, de la guerre de 70, de quel ton il le fit, avec quelle émotion, comme d'une chose d'hier, comme d'un malheur de famille : *We know all about it !* « Nous savons tout, tout. » — Un de nos amis irlandais, étant il y a peu d'années dans l'ouest, vit un jour s'approcher de lui un vieux campagnard qui, après une conversation banale, s'en vint à lui demander avec sérieux et anxiété : *Well, sir, are the French getting strong ?* « La France redevient-elle forte ? » — En 1870-71, à ce qu'on raconte aujourd'hui encore, on pouvait voir ceci dans les campagnes d'Irlande : un paysan, au reçu des journaux hebdomadaires, mettant ses lunettes pour lire tout haut, devant le village assemblé, les nouvelles de la guerre, et les grandes larmes silencieuses coulant alors le long des joues de ceux qui l'écoutaient.

Depuis quarante ans, absorbés par les âpres luttes qui ont rempli jusqu'en 1914 l'histoire religieuse de la troisième république et le « temps où les Français ne s'aimaient pas », les catholiques français n'ont plus connu le rayonnement extérieur où avait excellé la génération éloquente de 1830 à 1870. On a perdu à l'étranger le sens de notre effort ; on a pris l'habitude, depuis le Seize Mai, de nous considérer comme des catholiques qui battaient en retraite, vaincus parce que divisés ; on nous a tenus pour responsables des violences anticléricales que nous avons subies, en supposant que nous n'avions pas su les parer. Nous nous sommes repliés sur nous-mêmes, attachés aux intérêts locaux de nos paroisses et de nos œuvres, découragés de nous répandre au delà de nos frontières, qui n'ont bientôt plus été franchies que par le douloureux exode de nos communautés religieuses proscrites.

L'étranger ainsi a oublié ce que M. Maurice Barrès a si bien nommé « les traits éternels de la

France » ; on n'a plus su distinguer les traits de la France catholique ; on n'a plus voulu voir que le masque brutal d'une France laïque indésirable. Ce serait peu, si, à l'étranger même, trop de gens n'eussent été intéressés à nous amoindrir, et si le propagandisme germanique n'avait eu partout ses émissaires, ses faux apôtres et ses commis-voyageurs. Un proverbe amer dit qu'il vaut mieux faire envie que faire pitié : on ne nous a épargné ni la pitié, ni par surcroît la suspicion.

En Irlande, les choses ne sont pas allées si loin, sans doute, mais pourquoi ne pas reconnaître que l'entente cordiale qui nous liait à l'Angleterre, et dans laquelle nous comprenions naïvement l'Irlande, était au contraire une raison pour l'Irlande de se détourner de nous? Les liens entre elle et nous s'étaient donc dénoués ou relâchés depuis quarante ans : l'amitié de jadis sommeillait.

*
* *

L'Irlande en 1915 a envoyé à Paris une délégation d'hommes politiques, qui, au cours de leurs visites officielles, ont été reçus par le cardinal Amette. On ne pouvait guère, vu les circonstances qui font aux députés redmondistes une situation si incertaine, envoyer en Irlande une délégation d'hommes politiques français, encore qu'on y eût un instant songé à Paris. Les rapports si pénibles de l'Irlande et de l'Angleterre exigeaient que les Français qui visiteraient l'Irlande fussent étrangers au personnel officiel, et ne fussent pas soupçonnables de venir en Irlande appuyer le projet d'extension aux Irlandais du service militaire obligatoire que la Chambre des Communes a présentement à son ordre du jour. Des évêques français ne pourraient-ils pas venir ?

La proposition parut sympathique aux prélats irlandais à qui elle fut soumise ; le cardinal archevêque de Paris l'encouragea ; des évêques français furent pressentis, l'un notamment, l'évêque d'Orléans, qui, par l'autorité de son caractère, de sa parole, de son siège aussi, pouvait être plus agréable aux Irlandais et leur rappeler davantage la France catholique qu'ils avaient connue. On eût souhaité voir se joindre à lui quelque évêque de Bretagne, on ne réussit pas à décider Armor. Mgr l'évêque de Digne, un des plus jeunes membres de l'épiscopat français par la date de son sacre, et qui a prêché le dernier carême au Canada, accepta d'accompagner l'évêque d'Orléans. Le cardinal Amette me fit l'honneur de me demander d'être du voyage, à titre d'ami personnel du président du collège de Maynooth, et sur l'assurance qu'on avait donnée à Son Eminence que mes livres ne sont pas inconnus du clergé irlandais. Je suggérai qu'il nous serait précieux d'avoir pour « liaison » un prêtre du clergé de Paris, irlandais par son père et sa mère, et actuellement aumônier militaire à l'armée de Verdun : la chose ne souffrit pas de difficulté. Le jeudi 5 octobre, les quatre pèlerins s'embarquaient à la gare du Nord pour Boulogne : il était convenu que nous ferions tout le voyage d'Angleterre et d'Irlande avec nos costumes d'ecclésiastiques français, M. Flynn avec ses insignes d'aumônier militaire, croix, calot et brassard.

J'ai noté sur mon carnet qu'à partir d'Amiens on ne voit plus que des uniformes anglais. Passé Abbeville, partout des campements, des baraquements, des tentes, des troupes britanniques faisant l'exercice, des ambulances. Le long de la voie, des affiches en grandes lettres rouges : *Mécaniciens, les malades des hôpitaux vous seraient reconnaissants de siffler doucement.* A Boulogne, le bateau est rempli de tommies permissionnaires rentrant en Angleterre. Tous les passagers sont munis d'une ceinture de sauvetage, en cas d'imprévu. La Manche est autour de nous animée de torpilleurs en patrouille. A Folkestone, où nous débarquons à la nuit tombante, ordre de baisser tous les stores du train, crainte de zeppelins possibles. A Londres, l'obscurité est quasi complète dans les rues, et l'on semble sur ses gardes bien plus strictement que nous ne le sommes à Paris. A Farm-Street où nous célébrons nos messes le vendredi matin, premier vendredi du mois, les fidèles de l'élégante chapelle s'inscrivent pour les heures d'adoration *for lasting peace and security*. Cette impression de qui-vive ne cesse qu'après qu'on a franchi la zone nord de Londres, sur la route de Chester, qui samedi nous conduira à la pointe de Holyhead, à la mer d'Irlande. Nous n'avons accepté à Londres aucune invitation, nous n'avons fait aucune visite, sinon à l'ambassadeur de France, M. Paul Cambon, et aux Mantegna de Hampton Court.

En cours de route, nous avons le loisir de nous entretenir de notre mission, de régler notre commune attitude. Mgr Touchet nous confie que, après avoir d'abord hésité à partir, il s'est rendu aux instances du meilleur serviteur que la cause de la France ait dans le Royaume-Uni, qui lui a fait entendre combien il était regrettable que les relations si intimes autrefois entre le clergé français et le clergé irlandais aient été interrompues. On a quelque raison de se préoccuper de voir se répandre dans le clergé d'Irlande de fausses impressions sur l'esprit de l'Eglise de France. Les Allemands la représentent comme ayant condamné cette guerre qui, d'après eux, ne serait que le résultat d'un complot de l'Angleterre et de la France contre l'Allemagne. L'agression, préméditée de longue date, dont nous avons été victimes, devient un guet-apens organisé par nous-mêmes et l'admirable attitude de nos prêtres transformée en une abstention boudeuse et hostile. Dissiper ces impressions ne suffirait pas : il faut rétablir entre les deux clergés des échanges de visites et de bons procédés, mettre un terme à un refroidissement qui menace de tourner à l'hostilité, prendre contact avec les Irlandais de bonne volonté qui cherchent à renouer avec nous. Sans doute, en Irlande, l'Angleterre est moins aimée que jamais, mais nous n'aurons rien à dire de l'Angleterre, nous venons renouer une amitié traditionnelle entre le clergé de France et le clergé d'Irlande. Voilà tout, c'est assez, et c'est beaucoup. — Mgr l'évêque d'Orléans ajoute qu'il s'est rendu à cette définition très claire de notre démarche et que cette définition doit être notre programme.

*
* *

Le samedi soir, 7 octobre, nous débarquons à

Kingstown : deux heures plus tard, une automobile nous dépose au pied du perron de Maynooth, tandis que, sur une fausse indication télégraphique, on était allé au-devant de nous à la station du railway. Nous n'eûmes pas longtemps à attendre dans le salon où un domestique nous avait fait entrer : la porte s'ouvrit, le cardinal Logue apparut qui venait en personne nous souhaiter la bienvenue.

Le cardinal archevêque d'Armagh et « primat de toute l'Irlande » commence de se courber sous le poids de ses soixante-seize ans, mais il garde la robustesse d'un homme qui a aimé les sports de plein air. Il a résidé à Paris dans sa jeunesse, ayant été quatre ans (je crois) professeur au séminaire irlandais sur notre chère montagne Sainte-Geneviève. Il y a appris à parler français sans effort et à aimer sans plus d'effort la France, à laquelle il garde une affection pénétrée de jeunesse. Cardinal depuis 1893, cardinal-prêtre du titre de Sainte-Marie de la Paix, il est un pacifique, il est un longanime (sa devise est : *In patientia salus*), il a la douceur des doux qui posséderont la terre, il a la bonhomie avisée et spirituelle que chez un cardinal, même irlandais, on ose à peine qualifier d'humour. La simplicité de sa vie est proverbiale en Irlande, et proverbiale tout autant sa générosité. S'il a une politique, sa politique doit être celle du bon pasteur, et toute l'Irlande lui en sait gré. Nous ne pouvions souhaiter voir se tendre à nous une main plus sainte, plus loyale, plus affable que la sienne.

Après l'archevêché de Dublin, la présidence de Maynooth est une des plus importantes charges du clergé d'Irlande. Le président actuel est un prélat qui porte un nom vénéré en France : il est en effet le neveu de M. Hogan, qui fut jadis directeur au séminaire de Saint-Sulpice, éducateur et théologien dont toute une génération de prêtres de France, la génération de Mgr d'Hulst et du cardinal Amette, a reçu les leçons et porte l'empreinte. Mgr Hogan fut mon condisciple, voici quelque trente ans, à Saint-Sulpice : il était de cette élite ecclésiastique (le cardinal Bourne en était aussi) qui, en ce temps-là, venait du Royaume-Uni demander à Paris une tradition d'esprit et de science. Il en a gardé une sympathie ferme et fidèle pour la France. Sous des traits graves et flegmatiques, avec sa parole lente et volontairement éteinte, Mgr Hogan est l'homme qui pense tranquillement à tout et qui règle, sans s'y perdre, jusqu'à l'infime détail : on est sûr de l'avis qu'il donne parce qu'il connaît son monde, parce qu'il sait prévoir et peser, parce qu'il veut le bien avec une sagesse de jugement et une noblesse de cœur, qui n'ont d'égale que sa modestie.

Il gouverne le séminaire de Maynooth, *Royal College of St Patrick*, qui est le grand séminaire commun aux vingt-huit diocèces d'Irlande et qui, tout en restant autonome, est un collège rattaché à l'Université nationale d'Irlande. Maynooth compte en moyenne de 500 à 600 étudiants ecclésiastiques répartis entre six facultés (théologie, droit canon, philosophie, arts, sciences, *celtique* enfin), conférant les grades universitaires et les grades canoniques. Maynooth, qui est à 15 milles de Dublin, a été institué en 1795 par le Parlement irlandais, pour parer à la suppression momentanée des collèges irlandais du continent, qu'il a supplantés depuis. En 1869, au moment du *disestablishment* de l'Église d'Irlande, en retour des 26 000 livres qu'il touchait annuellement du budget de l'État, il reçut une dotation, dont la rente, jointe aux donations privées, fait au collège de Saint-Patrick une prospérité fort enviable.

L'édifice, vaste comme une abbaye, a une partie ancienne qui remonte à la fondation du collège, et dont les façades banales s'égaient de vigne-vierge : la partie moderne a été bâtie par le grand architecte Pugin, dans ce style gothique où les Anglais excellent, mais rendu ici avec une sobriété qui sait être élégante et sévère. Les bâtiments s'alignent avec de grandes cours très ouvertes, égayées elles aussi de parterres et d'arbres verts. Au delà, des pelouses, des allées, des terrains de foot-ball... Nous verrons tout cela à loisir demain.

Ce soir, le cardinal nous présente aux quelques évêques irlandais qui ont devancé la réunion plénière de mardi pour travailler dans les commissions préparatoires. On s'attarde à causer autour du thé. Mgr Harty, archevêque de Cashel, président de la *Catholic Truth Society* irlandaise, qui est mon voisin de table, me demande si Mgr d'Orléans et Mgr de Digne accepteraient d'assister à Dublin mercredi à l'assemblée générale de la société. Je l'assure que ce sera pour les deux évêques français un honneur et une joie. L'invitation est aussitôt faite par le cardinal, qui nous retient tous, en outre, pour la réception qu'il donnera jeudi à Dublin.

*
* *

Dimanche 8 octobre, nous vivons de la vie du collège de Maynooth. Nous faisons connaissance avec sa chapelle. Ce n'est qu'une chapelle, sans transept, sans bas-côtés, et pour ainsi dire qu'un chœur, mais qui ne compte pas moins de dix travées et, sur chaque côté, quatre rangs de stalles, où prennent place, en surplis, les six cents étudiants et leurs maîtres. De la rosace de l'orgue, des fenêtres du chœur et de l'abside, tombe une lumière claire, franche. L'architecture est d'un gothique sobre de lignes, comme tout le collège, d'une décoration riche et chaude, peut-être un peu italienne, sinon munichoise. En retrait de la façade de la chapelle, une flèche admirable de sveltesse et de pureté. La grand'messe et les vêpres sont d'une exécution qui ravit Mgr l'évêque d'Orléans, et nous tous avec lui, par la sûreté du cérémonial, par l'ampleur habilement conduite de la masse chorale. Encore le maître de chapelle est-il absent depuis le début de la guerre, car il était Allemand.

Les cloîtres, les cours, les pelouses sont animés par le va-et-vient des étudiants, une jeunesse que la guerre a épargnée ! Ils vont, nu-têtes, en soutanes assez courtes pour ne pas embarrasser des étudiants qui passent d'une argumentation à un cricket-match ; ils vont imperturbablement les mains dans leurs poches, geste national. Ils sont alertes, solides, nullement compassés, et il semble

bien que Dieu leur ait départi le plus expansif des
dons de l'Esprit, la joie.

Nous causons, M. Flynn et moi, avec plusieurs
de leurs professeurs, en une camaraderie tout de
suite cordiale. Celui-ci, docteur ès sciences mathé-
matiques, a conquis son doctorat à l'Université
de Paris et est un élève de Henri Poincaré. Il est
le seul, je crois, à avoir étudié en France. C'est
une règle que les collèges de l'Université nationale d'Irlande donnent à leurs lauréats les plus
distingués des bourses d'études à l'étranger, et les
jeunes professeurs de Maynooth sont de ces lauréats. Louvain les attirait par son institut de
philosophie thomiste ; l'Allemagne exerçait, pour
le reste, l'attrait le plus fort ; Bonn pour les études
classiques, Munich pour les études historiques,
Strasbourg et Fribourg en Bade, également ; Berlin pour la philologie sémitique et l'assyriobogie.
Il n'est pas nécessaire de causer longtemps avec
des intelligences aussi ouvertes que celles qu'il
nous est donné de rencontrer à Maynooth, pour
constater la sympathie que l'on y a pour le *caractère* de la France, et l'estime que l'on y fait de la
science de l'Allemagne.

On y est peu porté vers ce qui est anglais : la
haute culture que l'élite du clergé catholique
anglais va chercher à Cambridge, à Oxford, et

grâce à laquelle le catholicisme anglais a mainte-
dant des *scholars* dont le nombre, la valeur, l'activité
grandit chaque jour, semble ici un peu tendan-
cieusement méconnue. A un professeur très dis-
tingué de Maynooth, qui a étudié l'assyriologie à
Berlin, chez Friedrich Delitzsch, celui de *Babel und
Bibel*, j'ai demandé pourquoi il n'avait pas pré-
féré venir à Paris se former auprès du P. Scheil :
il m'a répondu qu'il croyait que le P. Scheil
était habituellement à Suse, comme Maspero à
Boulaq.

Ne nous en prenons qu'à nous de l'ignorance où
l'on peut être ainsi à l'étranger des plus hautes
sources de science française. L'Allemagne s'est créé
en tout une maîtrise scientifique qui en impose,
qui tourne à l'accaparement, et qui se maintient
par le dédain systématique de tout ce qui n'est
pas allemand.

La conséquence de cette intimidation de l'univers est que, dans l'univers, tant de gens encore
doutent qu'aucune coalition puisse venir à bout
de la puissance de l'Allemagne, puissance elle
aussi d'essence scientifique. Une des premières
questions qu'on nous pose à Maynooth est celle-
ci : Croyez-vous vraiment à votre succès final ?
On nous pose cette question avec anxiété, mani-
festement : la sympathie est d'un côté qui n'est

pas douteux, mais on tremble pour ceux qu'on préfère, on se dit avec effroi que la partie est trop forte pour eux ! On s'étonne de nous voir si tranquillement confiants dans le succès final des Alliés.

On est passionné ici pour les études celtiques, mais ici encore la science française n'a guère su pénétrer. Le livre de Dom Louis Gougaud, *Les chrétientés celtiques* (1911), à la composition duquel je me réjouis de n'avoir pas été étranger, n'a pas encore été traduit en anglais. La bibliothèque de M. d'Arbois de Jubainville a été achetée par l'University-College de Cork, c'est vrai, encore est-il qu'elle a été achetée à Leipzig.

Les études celtiques ont été accaparées par les Allemands, grâce en dernier lieu à la science et à la personnalité du professeur Kuno Mayer, naguère encore professeur à l'université de Liverpool, créateur de la *School of old irish learning*, éditeur de la revue celtique *Erin*, de la *Zeitschrift für keltische Philologie*, de l'*Archiv für keltische Lexicographie*, etc. Bien que nommé à l'université de Berlin en 1912, Mayer, fait citoyen d'honneur de Cork, est resté jusqu'au début de la guerre en contact étroit avec l'Irlande : il a, nous dit-on, plus fait que quiconque pour exalter la vieille civilisation irlandaise telle que ses poèmes épiques et ses poésies lyriques la révèlent : il a pris ce faisant la direction de tout ce qui se fait en Irlande de philologie celtique. Mais, plus encore, l'Allemagne a mis ainsi la main sur une des cordes de la lyre irlandaise, de la sensibilité irlandaise.

Sous couleur de philologie, nombre d'Allemands venaient l'été séjourner sur la côte ouest de l'Irlande, près de Galway, où la vieille langue est encore parlée par les paysans. La philologie était « organisée » comme le reste ! Or, pendant ce temps, chez nous, où les études celtiques tiennent une place dans l'enseignement supérieur, on persécutait le bas breton !

Maynooth est pour l'Irlande le foyer des études théologiques. La *Somme* de saint Thomas, comme il convient, est le livre par excellence des étudiants. Ils ont, conformément aussi aux prescriptions romaines en la matière, un exposé plus portatif de la doctrine : pour la dogmatique, les traités d'un de leurs professeurs, promu récemment à l'évêché de Cork, Mgr Cohalan ; pour la morale, les traités classiques du jésuite allemand bien connu Lehmkuhl.

L'Irlande catholique est plus orientée vers la vie que vers la spéculation, l'érudition, ou même la controverse : on connaît cependant en France le

Irish Church Quarterly et le *Irish theological Quarterly*, qui témoignent d'une doctrine sûre et infor-
mée. La première de ces revues est publiée par la
faculté théologique de Maynooth. La *Revue biblique*
est, me dit-on, la seule revue théologique française
qui soit lue à Maynooth. Il serait à souhaiter que
les échanges intellectuels fussent intensifiés entre
l'Irlande et nous, et que, quand la paix reviendra,
on se connût davantage. La présence à Maynooth
d'un jeune prêtre professeur français de langue et
de littérature françaises, choisi par Mgr Baudril-
lart, et qui doit être installé à Saint-Patrick's
College le lendemain du jour où nous le quitte-
rons, est un gage de la bonne volonté mutuelle qui
inspirera les relations nouvelles. On négocie en
ce moment même la nomination à l'Université
Nationale d'un nouveau professeur français de
littérature française, qui puisse être dans la capitale de l'Irlande une représentation de la France
lettrée.

Nous devisons de tous ces intérêts, dans le
studio d'un des jeunes maîtres de Maynooth, au
milieu de ses livres et de quelques-uns de ses
collègues : ce milieu jeune, vif et averti, est char-
mant. Le grand *studio* aux murs gris qui nous
réunit m'en rappelle d'autres où j'ai été accueilli
jadis, à Oxford, à Salisbury. C'est le même confort,

je dirais presque le même luxe, le luxe d'un *scholar* étant avant tout dans ses livres et dans les quelques riens qui le reposent de ses livres. Mais la guerre a mis sur nous tous sa gravité. Puis nous sommes tous ici des prêtres catholiques. Nous questionnons, on nous interroge aussi : on nous parle de la France, de la France catholique ; on veut comprendre pourquoi nous avons eu de si méchants gouvernements et comment cela s'accorde avec l'espoir que nous avons d'être resté un bon pays ; on veut que nous expliquions la psychologie de l'union sacrée ; on nous demande quand la France renouera avec le Saint-Siège, car de cette rupture-là on souffre pour l'Eglise, et on souffre pour nous, — la manière dont cette rupture s'est faite a blessé sous le ciel plus de cœurs que n'a jamais prévu M. Clémenceau.

On nous interroge aussi sur la présence des prêtres et des séminaristes au front. Nous expliquons comment l'exemption du service militaire, si nous en avions joui, nous eût perdus dans l'esprit du pays, et comment le service militaire accepté avec cœur et courage a rapproché du peuple nos jeunes confrères plus que n'avaient fait vingt-cinq ans d'essais d'action sociale. Sans vouloir rien exagérer et, comme disent les théologiens, *servatis servandis*, on peut avancer que les

prêtres de France, aumôniers militaires, brancardiers, soldats, sous-officiers, officiers, ont trouvé
dans la vie à l'armée et dans la « camaraderie de
combat » le secret d'une action sacerdotale que
nul n'aurait osé espérer. M. Flynn raconte quelques-unes de ses expériences d'aumônier militaire...
Je suis plus libre que lui pour ajouter que nos
jeunes confrères ont fait mainte et mainte fois
l'admiration de leurs camarades ou de leurs
hommes. Et Dieu seul sait quelles sources de
sanctification ont jailli parfois des tranchées de
France !

Je porte sur moi quelques lettres de prêtres-
soldats, l'un entre autres qui écrivait à sa sœur,
le 25 juillet 1915, ce billet : « Je vais toujours
très bien. Je viens de faire ma retraite annuelle
de huit jours (en bavardant bien un peu tous les
jours, et en menant une vie quelque peu agitée)
en plein bois, dans une cagna que le commandant
m'a fait concéder pour le temps que nous serons
ici, en première ligne, toujours dans le même
secteur, le secteur de tout repos. Et maintenant je
me sens plus doucement encore prévenu, bercé
par la providence paternelle de Dieu. Ah ! que
nous avons un bon Maître ! Si les hommes
savaient ! » Le prêtre qui écrivait ces choses
(c'était un savant d'avenir) a été tué, le 17 sep-

tembre 1916, à l'assaut de Vermandovillers, sur la Somme, au moment où, blessé lui-même déjà, il administrait un blessé.

*
* *

Lundi 9, nous consacrons la matinée et l'après-midi à déposer quelques cartes de visite à Dublin, et d'abord chez l'archevêque de Dublin, Mgr Walsh, que nous ne rencontrons pas. Nous sommes fort gracieusement reçus par sa famille archiépiscopale, qui nous fait visiter le beau collège clérical annexé à l'Archbishop's House. La chapelle date du cardinal Cullen, mort en 1877 : elle est la réplique d'une église de Rome de la Renaissance, et c'est tout une profession de foi que cette architecture ultramontaine transplantée dans ce paysage irlandais, la profession de foi du cardinal qui l'a bâtie. Son tombeau est sous l'abside : nous nous y arrêtons pour réciter une prière en souvenir du premier cardinal irlandais.

Nous traversons avec un serrement de cœur Sackville-Street : là sont les ruines douloureuses des journées d'avril dernier! Le General Post Office, qui fut le quartier général de l'insurrection nous rappelle les restes que nous avons longtemps connus à Paris de la Commune. La paix règne à

Dublin, évidemment, mais l'opinion irlandaise n'a pas pour la *Irish Republic* avortée l'horreur que nous avons conçue pour la Commune. On a hâte de reconstruire les édifices et le quartier en ruines : on vend cependant un portrait de Roger Casement que les réclames qualifient de « beau portrait ». La statue d'O'Connell, intacte, à l'extrémité de Sackville-Street, tourne le dos à ces ruines de toute sorte.

A cinq heures, nous sommes de retour à Maynooth. Les évêques qui doivent s'assembler demain commencent d'arriver. A sept heures, après le dîner, nous devons nous rendre à la salle des fêtes du collège, le Mac-Mahon Hall, où Mgr Hogan nous présentera ses étudiants : quelques-uns des évêques déjà arrivés, parmi lesquels un fervent ami des choses de France, Mgr Kelly, évêque de Ross, nous font la surprise d'être là, et le cardinal archevêque d'Armagh la surprise de vouloir présider la séance. Nous entrons à sa suite : toute cette jeunesse, debout, nous fait une ovation prolongée, les applaudissements et les acclamations crépitent comme des feux de salves, et reprennent de plus belle à chaque phrase de la brève allocution dans laquelle Mgr Hogan lui dit qui nous sommes. Je ne serais pas un historien fidèle, si je ne disais pas que l'enthousiasme atteint son point le plus chaleureux quand Mgr Hogan présente notre cher compagnon de route, M. Flynn, et le présente 1° comme un Irlandais, 2° comme un aumônier de l'armée de Verdun. Ah! Verdun! nous ne soupçonnions pas le prestige dont ce nom rayonne en Irlande, plus que la Marne et plus que l'Yser! On sème dans le sang et dans la nuit des semailles qui semblent sacrifiées : tout à coup, on découvre qu'elles ont levé en une moisson de gloire et de sympathie.

Le cardinal Logue, après le président de Maynooth, prend la parole. Il reproche avec bonhomie à Mgr Hogan d'avoir dit juste ce qu'il voulait dire, et de l'avoir mis ainsi dans la situation d'un brave prêtre du diocèse d'Armagh qui ne savait qu'une chanson, et qui était fort en peine, quand, à son tour de chanter quelque chose, sa chanson avait été chantée avant lui par quelque autre invité. (*On rit et on applaudit.*) Il peut du moins dire aux étudiants de Maynooth qu'ils auront ce soir un grand régal. Il a traversé l'Atlantique avec l'évêque d'Orléans, il a entendu sa voix éloquente au congrès eucharistique de Montréal, un de ses collègues lui a dit que cette voix était la plus éloquente de l'épiscopat de France, et il en est convaincu depuis qu'il l'a entendue. Ils vont en juger, ajoute le cardinal au milieu des applaudissements.

L'évêque d'Orléans, en se levant, est accueilli par une longue ovation. Il va parler en français, mais l'auditoire est trop instruit pour ne pas l'entendre, puis un vrai orateur se fait toujours entendre : j'ai vu jadis Mgr Strossmayer faire pleurer un auditoire de femmes françaises qu'il haranguait en latin. — L'évêque d'Orléans commence par remercier le cardinal, que tous sur le continent regardent avec un respect profond, non seulement en considération des années qui ont blanchi sa tête, mais plus encore en considération des services qu'il a rendus à ce noble pays d'Irlande. (*On applaudit.*) Tout à l'heure, il se demandait devant le Saint-Sacrement ce qu'il devait dire ce soir. Il s'est souvenu alors d'un mot qui fut prononcé devant lui voici trois jours, au moment où le bateau qui l'amenait approchait de la côte d'Irlande, et que dans le jour finissant pointaient des flèches et des flèches d'églises : « Monseigneur, lui avait dit Father Flynn, l'Irlande est un pays où l'on prie beaucoup! » Il l'a bien vu hier en assistant aux offices dans la chapelle de Maynooth, en sentant son cœur pénétré par la grave solennité de chants liturgiques d'une exécution impeccable et d'une piété profonde, en écoutant le collège répondre à la litanie, en pensant que les anges du ciel devaient se dire entre eux : « Écoutons, ce sont nos enfants irlandais qui prient ! » Il vient donc proposer à leurs prières des intentions. — Et puisque rien n'est plus cher à des évêques que leurs séminaristes et leurs prêtres, il vient, lui évêque français, demander les prières de l'Irlande pour ceux des séminaristes et des prêtres de France que la guerre a appelés sous les armes. Orléans a envoyé au front trente-trois séminaristes, treize y ont trouvé la mort, deux la médaille militaire, un la croix de la Légion d'honneur, plusieurs la croix de guerre. Leur dernier acte, avant de quitter le séminaire, a été une visite à la chapelle et l'offrande à Dieu de leurs vies pour leur patrie, pour les âmes de ceux qui allaient être leurs camarades de combat, pour la sainte Eglise. Priez pour ces braves enfants : que Dieu les aide, que Dieu les garde, que Dieu nous les ramène. — Il faut prier, secondement, pour les soldats de la France et de ses alliés. Ce n'est pas la première fois que l'Irlande et la France se battent côte à côte : elles ont combattu ensemble pour des causes temporelles, mais aussi pour la foi chrétienne qui leur était commune. (*Applaudissements.*) Les Irlandais, qui sont au front et qui ont conquis l'admiration de toute la France (*Applaudissements*), se battent avec nous pour la justice. Car la guerre n'est pas pour nous une guerre de proie : c'est une guerre pour la défense du droit (*Applaudissements*), du droit de la catholique Belgique envahie et foulée aux pieds (*Applaudissements*), du droit de la France à défendre son sol, tout son sol, et comme l'Irlande réclamant la liberté qui lui était due, le droit de la France à revendiquer et à ravoir les provinces qu'on a arrachées de son sein en 1871. (*Applaudissements.*) Nous revendiquons l'Alsace et la Lorraine, et nous les aurons. (*Applaudissements prolongés.*) — Priez pour les soldats de la justice, priez pour ceux qui combattent, priez pour ceux qui sont morts, priez pour les Irlandais et pour les Français, dont le sang s'est confondu et qui dormiront leur dernier sommeil dans la même terre reconnaissante, la terre de France : nous veillerons pieusement sur ces tombes fraternelles et sacrées. (*Applaudissements.*) — Les liens sont étroits qui unissent la France à l'Irlande. Le successeur de Mgr Dupanloup sur le siège d'Orléans ne peut oublier que Mgr Dupanloup fut un ami personnel du grand tribun dont nous avons salué ce matin la statue à Dublin, votre admirable, votre incomparable O'Connell. (*Longs applaudissements.*) Il ne peut oublier ce sermon de charité prêché en 1850 par Mgr Dupanloup dans l'église Saint-Roch, à Paris, qui permit à l'évêque d'envoyer d'un coup 30.000 francs aux victimes d'une de vos grandes famines. Mais vous, Irlandais, comme vous le lui avez rendu magnifiquement, lorsque, en 1871, vous avez répondu à son appel en faveur de son diocèse ravagé par la guerre! Nous possédons une lettre manuscrite de Mgr Dupanloup, où il épanche sa reconnaissance : « L'Irlande, écrit-il, la pauvre Irlande, la chère Irlande, a pris pour nous sur sa pauvreté : je lui avais jadis donné 30.000 francs, elle m'en a envoyé 200.000. » (*Applaudissements.*) Que ces liens se renouent et se resserrent dans la prière. **Priez pour la France.** La France est forte et courageuse, et un évêque français n'a pas scrupule de le dire avec orgueil : ne demandez pas pour la France la force et le courage. Demandez à Dieu pour elle la grâce, quand la paix sera venue avec la victoire, d'être plus chrétienne qu'elle ne l'était avant la guerre : cela un évêque français peut le demander sans offenser sa patrie, quand il le demande à une nation sœur. (*Applaudissements.*) — On serait surpris, en France, que Jeanne d'Arc fût absente d'un discours de Mgr Touchet. On ne sera pas surpris qu'il ait terminé son discours de Maynooth en demandant à son auditoire de prier pour que la canonisation de Jeanne d'Arc suive de près la fin de la guerre, et en mêlant à la pensée de la sanctification de la patrie le souvenir du plus providentiel de ses enfants.

L'improvisation de l'évêque d'Orléans, — c'était une improvisation que je résume d'après le compte rendu sténographique du *Freeman's Journal* qui, demain, la répandra en anglais dans toute l'Irlande, — a duré trois quarts d'heure, sans que l'attention de l'auditoire fléchît un instant. L'orateur était admirablement en forme et il improvise comme les orateurs qui, rompus à l'éloquence la plus étudiée, improvisent avec une sûreté, un ordre, une suite, où il n'y a ni tâtonnements, ni longueurs, ni redites, tout en rendant incontinent à l'auditoire ce qu'ils en reçoivent. La séduisante éloquence pour des Irlandais, nette, variée, tour à tour familière et lyrique, ici incisive, là enveloppante, et perpétuellement avertie de la mesure qui convient! Le succès de Mgr Touchet a été immédiat et très grand.

Mgr Lenfant, invité à parler, le fait en quelques mots rapides, mais avec son cœur de missionnaire. Il sent en ce jour plus que jamais que l'Irlande et la France sont deux sœurs. Elles sont sœurs par leur fidélité à l'Eglise catholique (*Applaudissements*), fidélité qu'aucune invasion, qu'aucun protestantisme, qu'aucun terrorisme, qu'aucune violence n'a fait capituler. Cette France, cœur et âme, appartient toujours au Christ et à l'Eglise. (*Applaudissements.*) L'Irlande a traversé toutes les persécutions avec un cœur qui, de toutes ses fibres, palpitait pour le Christ et pour l'Eglise. (*Applaudissements prolongés.*) L'Irlande et la France sont sœurs par leur commun idéal de liberté, de justice, de générosité. (*Applaudissements.*) — Puis ce fut à mon tour : je dis la joie que j'avais à retrouver à la tête du collège de Maynooth un ami de jeunesse et en lui l'image vivante du meilleur maître de ma jeunesse ; la joie que j'avais aussi à travailler, pour ma très humble part, à un rapprochement du clergé irlandais et du clergé français, souhaitant que ce rapprochement nous conduisît à un accroissement de science, de doctrine, d'action. Il faut travailler tous à la circulation de la doctrine, à la purification de la science, à l'expansion du catholicisme par le rayonnement de sa vérité. L'après-guerre réserve aux Alliés vainqueurs des possibilités nouvelles d'atteindre l'Orient : des horizons nouveaux vont s'ouvrir. Les commerçants et les industriels préparent l'expansion économique des Alliés : à nous, catholiques, de penser à l'expansion de l'Eglise et à porter tous dans notre âme l'âme conquérante de saint Patrick. — L'auditoire avait été trop bien préparé par les deux orateurs qui m'avaient précédé, pour que je ne fusse pas chaleureusement écouté, par concomitance.

Les deux premiers mots du cher abbé Flynn, qui parlait en anglais, furent accueillis par la joyeuse ovation d'un auditoire qui retrouve enfin toute sa faculté de saisir la parole au vol. L'auditoire retrouvait mieux encore : un orateur qui connaissait à la perfection son humeur espiègle et sentimentale, et qui lui parlait dans l'anglais le plus nuancé en Parisien de Paris. Father Flynn expliqua à ses jeunes amis de Maynooth que sa mère était de Cork et son père de Belfast, qu'il était né à Paris où on lui avait, au baptême, donné le nom de Patrice, qu'il était devenu *a parish priest*, qu'il l'était même toujours, ayant à Suresnes une paroisse de 17 000 habitants et de trois vicaires, qu'il était cependant aumônier militaire sous Verdun, dans les tranchées, à quelque cent mètres de la ligne de feu, sous les marmites, et qu'il n'en croyait pas ses yeux de se trouver ce soir à Maynooth. Toutes les phrases étaient coupées de vivats et de bravos. L'abbé ramenait le silence d'un geste, et poursuivait. Il eut quelques mots graves et émouvants sur son ministère de prêtre dans les tranchées de Verdun. Il aurait pu continuer longtemps encore, mais il voulut finir brièvement, en expliquant avec un sourire que les bons sermons sont ceux qui savent finir prématurément. On applaudit longuement, le cardinal leva la séance en quelques paroles de remerciement et de plaisir, et nous sortîmes portés par une dernière vague de *cheers*.

*
* *

Mardi 10 octobre, le collège aujourd'hui reçoit tout l'épiscopat d'Irlande. Les archevêques et évêques irlandais tiennent ce matin leur première assemblée plénière, sous la présidence du cardinal Logue : il va sans dire que pareille assemblée n'est pas publique, est exclusivement un conseil d'évêques, et que le secrétaire lui-même en est pris parmi les évêques. On nous a informés que ce soir, à cinq heures, au dîner, le cardinal a l'intention de porter à table un toast aux évêques français, qui répondront au toast de Son Eminence.

Mgr l'évêque d'Orléans reçoit, dans la matinée, un représentant du *Freeman's Journal*, le grand quotidien catholique de Dublin : l'interview, très exactement rendue, paraîtra dans le numéro de demain matin (11 octobre). Le journal a désiré savoir quel était l'objet de notre visite. C'est une visite de famille, répond Mgr Touchet. Nous avons avec l'Irlande de communes épreuves, de communes joies, de communes aspirations, et, pour après la guerre, de communs espoirs. Nous désirons un rapprochement entre les Irlandais et la

France catholique, estimant que ce sera un bien pour les deux pays comme pour le catholicisme. Dans un esprit semblable, le cardinal archevêque de Paris, Mgr Amette, a encouragé, et non sans succès, un rapprochement entre la jeunesse catholique italienne et la jeunesse catholique française. Nous sommes donc venus porter nos hommages à l'épiscopat irlandais, la grande force hiérarchique et traditionnelle de l'Irlande, réuni à Maynooth, n'imaginant pas une représentation plus authentique de l'Irlande que nous admirons et que nous aimons. — S'il est vrai qu'on ait insinué en Irlande que le clergé de France n'avait pas épousé le sentiment unanime de la France sur la justice de la guerre actuelle, sur le devoir d'y participer corps et biens, n'en croyez rien. Le clergé de France sait et professe que la guerre que soutient la France répond à toutes les conditions qu'exige pour une guerre juste la théologie catholique, la théologie de saint Thomas d'Aquin, la théologie de son grand commentateur Suarez. Ni les pouvoirs publics, ni l'opinion publique n'ont, en France, désiré la guerre, ni n'étaient prêts à la guerre : nous avons été victimes d'une agression brusquée, injuste, qui n'a pas craint d'aggraver son injustice criminelle en violant avec préméditation la neutralité de la Belgique. Comment voudriez-vous que le clergé de France ait le moindre scrupule ? Tous ceux de ses membres que la mobilisation appelait ont rejoint. On a eu l'émouvant, l'inoubliable spectacle de religieux accourant de tous les horizons du monde, pour défendre une patrie où leurs familles religieuses n'avaient plus de foyers ! — L'avenir de l'Eglise en France ? Nous ne pensons à cette heure qu'à ce qu'on a appelé l'union sacrée, l'oubli de tout ce qui nous divisait, la mise en un faisceau unique de toutes les énergies du pays. Nous sommes convaincus que cette union sacrée, que rien n'a pu ébranler depuis vingt-sept mois, est une forme nouvelle et durable du patriotisme, la transformation du libéralisme d'antan en un respect mutuel consenti par tous, et dont les sacrifices faits si magnifiquement par tous font désormais un devoir impérieux à tous. Nous voyons les symptômes de cette transformation, qui iront se multipliant, soyez-en sûr...

A une heure, changement dans le programme prévu : le cardinal nous fait savoir que l'épiscopat irlandais veut nous recevoir en corps, à la reprise de sa session, à deux heures. La réception a lieu à l'heure dite. La grave assemblée est réunie autour d'une large table à tapis vert : le cardinal archevêque d'Armagh préside, assisté de l'archevêque de Dublin et de l'archevêque de Cashel. L'archevêque de Tuam, retenu dans son diocèse par la maladie, est représenté par son auxiliaire. Autour d'eux, des vingt-quatre évêques que compte l'Irlande, dix-neuf sont présents, à savoir les évêques de Ferns, de Limerick, de Raphoe, de Cloyne, d'Ardagh, de Kildare, de Ross, de Kerry, de Killaloe, de Meath, de Derry, de Clogher, de Clonfert, de Kilmore, d'Achonry, de Killala, d'Elphin, de Down et Connor, de Cork. Le cardinal fait asseoir à sa droite et à sa gauche l'évêque d'Orléans et l'évêque de Digne, et, s'adressant en anglais à l'assemblée, souhaite la bienvenue aux quatre visiteurs qui apportent à l'Irlande un témoignage de l'attachement de la France catholique. Son Eminence les remercie et les assure que l'épiscopat irlandais leur atteste par sa voix en ce moment combien l'Irlande est sensible à leur démarche.

L'évêque d'Orléans répond : une émotion a passé dans sa parole si brillante hier soir, une déférence aussi et une gravité que comporte bien pareille assemblée. Il remercie de l'accueil qui nous est fait. Il estime l'opportunité venue de dissiper des pensées qui ont pu se former sur les sentiments profonds de la France... Il s'explique sur le service militaire du clergé... Il dit quelques mots des intérêts du séminaire irlandais de Paris, dont les difficultés vont avoir une solution favorable... Il parle une fois de plus de l'union sacrée de l'heure présente. Il dit ce qu'il sait et aussi ce qu'il espère : *Fiat ut speramus*, aimait à répéter saint Augustin ! Encore qu'il s'exprime en français, les évêques irlandais l'écoutent avec aisance et ponctuent ses paroles de signes d'assentiment. Mgr de Digne s'associe en un rapide et chaleureux commentaire aux développements que Mgr d'Orléans vient de donner à leur commune pensée.

Mgr Donnelly, évêque auxiliaire de Dublin, qui parle un français excellent, a été prié de répondre au nom de l'épiscopat irlandais : il remercie les prélats français avec une simplicité souriante et émue de leur visite si amicale, la première qui se réalise après d'autres jadis promises. Il a un souvenir pour le cardinal de Cabrières qui est, en Irlande, connu, admiré, désiré, et qu'on ne désespère pas d'y voir venir quelque jour. La sympathie irlandaise ne va pas seulement à des personnalités particulièrement distinguées du clergé de France : elle va à toute la France catholique, dont on connaît les vertus, l'esprit de foi, la constance dans la lutte, l'intelligence des besoins du temps, l'obéissance magnifique au Siège apostolique.

La réception est finie, sur laquelle on comprendra que je ne puisse donner plus de détails... Bientôt après, l'assemblée des évêques a clos sa session : les prélats se répandent dans le collège, leur collège. On en aperçoit çà et là qui s'entretiennent familièrement chacun avec les séminaristes de son diocèse. A cinq heures, le dîner d'adieu les réunit tous, et nous avec eux : dîner où les toasts permettent de redire les *sentiments* échangés dans l'assemblée des évêques. Mgr Donnelly veut bien accepter et promettre de présider en mai prochain la fête de Jeanne d'Arc à Orléans.

Il nous reste, puisqu'on nous y a invités, à prendre contact avec l'élite de la société catholique de Dublin : ce programme est celui de demain.

** **

Mercredi 11 octobre, à Dublin. — De nos fenêtres, le regard se repose sur les beaux arbres de Saint-Stephen's Green Park, dont la verdure éclatante est intacte encore, sous le ciel d'octobre. Nous sommes invités pour le lunch, à une heure, chez le vice-roi et Lady Wimborne, qui, le château de Dublin étant occupé par un hôpital militaire, demeurent à leur résidence d'été de Phœnix-Park. La réception de Leurs Excellences est d'une grâce souveraine et « cordiale ». Au nombre des invités sont l'évêque auxiliaire de Dublin, le président de Maynooth, le prévôt de Trinity-College, M. Géraud, attaché à l'ambassade de France à Londres, le consul de France à Dublin... A l'aller et au retour, nous entrevoyons les avenues de Phœnix-Park, qui lui aussi a gardé toute sa parure estivale, et est incomparable de noblesse, d'espace, de sérénité.

Les murs de Dublin sont couverts de petites affiches de recrutement, invitant les hommes à s'engager, et rédigées dans un style ingénu qui rappelle celui de l'Armée du Salut. Cependant les journaux sont pleins des échos de la campagne contre la conscription, campagne par laquelle M. Redmond essaie de reconquérir à son groupe politique la faveur des Irlandais qui l'ont élu autrefois et pour qui il est maintenant suspect d'anglicisation. On a l'impression que le recrutement est arrêté en Irlande, et que la conscription y est impossible : le pays ne pense qu'au *home rule*, il met son loyalisme à ce prix, et, en attendant les événements, il s'enferme dans son inertie dont il sent la force, et qui, à ses yeux, est la seule politique nationaliste qui ne mène pas à la guerre civile.

On nous convie à visiter une petite exposition d'art irlandais : le mobilier destiné à la Honan Hostel Chapel de l'University College de Cork, tapis, courtines, antependium, miniatures et décorations, dont les motifs sont pris à l'art irlandais antérieur aux Normands. L'essai est intéressant et exprime la volonté de l'Irlande de retrouver son art national, comme sa littérature nationale.

La *Catholic Truth Society of Ireland* n'est pas une extension de la *Catholic Truth Society* anglaise. Indépendante et nationale, elle poursuit par ses propres moyens le même but, qui est l'enseignement par le tract à bon marché. En toute église, on trouve, à côté de la porte, une boîte à casiers dans lesquels sont des tracts de la société : chacun peut prendre le tract qu'il désire, à la seule condition de mettre un penny dans le tronc. La société a aussi une série de recueils de tracts à un shilling. Ces tracts sont dans la manière populaire et s'adressent à un peuple qui vit de sa foi et qui aime son pays ; à côté des tracts [1] de dévotion, de liturgie, d'hagiographie, de récréation, l'his-

---

[1] Quelques titres : *The Drink Question, its relation to Church and State. — Health and Cleanliness in Irish Homes. — How to be a saint in a Workshop. — The Church and the Working Classes. — The ancient Laws of Ireland. — Irish Art. — The art of Metal Working amongst the early Irish people. — The mana-*

toire d'Irlande a sa large part, avec ses saints, ses grands événements, ses grands hommes, sa poésie aussi. J'y découvre nombre de tracts se rapportant aux préoccupations sociales et scolaires, à la tempérance, à l'éducation, à l'hygiène. J'y découvre quelques tracts en irlandais, et un *Prayerbook* en irlandais, dont le dernier tirage accuse qu'il en est à son quarantième mille. La Société a pour devise : *Pro fide et patria.*

La *Catholic Truth Society* irlandaise tient, cette semaine, son congrès annuel à Dublin, et ce soir a lieu l'assemblée des membres dont les souscriptions assurent ses ressources. La réunion se tient au Mansion-House, demeure officielle du Lord Maire, dans une vaste salle circulaire pouvant contenir un millier et plus d'auditeurs. Nous entrons dans la suite du cardinal Logue, et nous sentons aussitôt quel accueil nous réserve l'élite des catholiques d'Irlande qui forme l'auditoire.

La séance s'ouvre par la lecture du télégramme envoyé le matin par le congrès au Saint-Père et de la réponse que le cardinal Gasparri a aussitôt

gement *of Primary Schools in Ireland. — Property. — An Educational Ideal. — Cookery. — Care and Management of Baby. — Why I am a Catholic. — Popular and Patriotic Poetry,* etc. Je note un tract intitulé *Belgium.* Sauf ce titre, rien qui rappelle la guerre.

adressée. Puis le cardinal Logue présente les orateurs qui vont prendre la parole, d'abord le jeune et docte évêque de Cork : le cardinal fait l'éloge du théologien qu'il a été au collège de Maynooth où il enseignait, et du théologien qu'il ne laissera pas d'être sur le siège épiscopal auquel il a été naguère élevé. Le cardinal ajoute :

Nous avons un grand privilège ce soir, et nous en sommes très reconnaissants. Nous avons deux illustres prélats de la catholique France. (*Applaudissements prolongés.*) Ils sont venus ici spécialement pour renouer les liens qui ont uni la catholique Irlande et la catholique France dans les siècles passés, et qu'il était à peine nécessaire de renouer. Nous n'en sommes pas moins charmés de les voir ici (*Vifs applaudissements*), et de leur exprimer une cordiale bienvenue. Les évêques combattent un grand combat pour la foi et pour leur peuple dans ce grand pays, la France. C'est un glorieux pays, certes, mais une des plus grandes gloires de la France est que dans les bons et les mauvais jours elle a servi l'Eglise. (*Applaudissements.*) Elle a été la fille aînée de l'Eglise, et il n'est pas de fille plus jeune de l'Eglise qui depuis lors ait pris sa place d'aînée. On a en France un dur combat à mener contre ceux qui, malheureusement, renonçant à la religion de leur naissance et devenus les maîtres du pouvoir en France, tâchent à y déraciner la foi catholique et les mœurs catholiques. Mais il y a en France un épiscopat, un clergé, une masse de peuple chrétien, qui tient bon et paralyse l'effort de l'assaillant. (*Applaudissements.*) Vous avez devant vous ce soir deux de ces évêques : l'évêque d'Orléans, le plus éloquent évêque de France (*Applaudissements*), et l'évêque de Digne, qui ne le cède à aucun pour le zèle. (*Applaudissements.*) Je suis sûr que je puis, en votre nom comme au mien, souhaiter de tout cœur la bienvenue à ces illustres prélats venus nous visiter ici en Irlande. (*Applaudissements*.) Nous leur donnerons l'occasion, tout au moins nous les prierons, de dire un mot à cette assemblée, et, naturellement, il n'est pas de dame à Dublin, il n'est pas de gentleman à Dublin, et il n'est pas d'Irlandais en Irlande, qui n'entende le français. (*Rires*.) Nous sommes des gens qui avons la faculté de deviner le cœur de ce qu'on nous dit en quelque langue que ce soit. Nous sommes comme les Russes : notre langue — je ne pense pas à l'anglais, mais à l'irlandais — est si difficile, que quiconque la sait, sait toutes les langues.

On applaudit en riant, et la parole est à Mgr Cohalan, qui donne lecture de son *inaugural address* consacrée à l'encyclique de Léon XIII sur la condition des ouvriers, encyclique dont cette année a amené le vingt-cinquième anniversaire. La parole grave, lente, claire, de Mgr Cohalan est suivie avec une religieuse attention par toute l'assemblée : c'est une leçon de théologie sociale que fait l'évêque théologien. En l'écoutant, notre souvenir retrouve, à vingt-cinq ans en arrière, les sentiments qui étaient ceux de nous tous en France autour de 1891, en un temps où le Pape, qui travaillait à organiser la paix sociale, prêchait aussi à l'Europe le désarmement. Plût à Dieu que l'Europe eût mieux écouté sa clairvoyante et charitable sagesse !

M. Robert Donovan, qui propose à l'assemblée

de remercier Mgr Cohalan, montre en quelques mots l'actualité de la doctrine de Léon XIII, si osé qu'on paraisse à parler de paix sociale ce soir, au milieu du terrible ouragan qui ébranle le monde. Ne craignons pas de dire qu'on peut dans son cœur penser à la paix, prier pour la paix, « une paix qui assure l'honneur et la liberté » (*Applaudissements*), et qu'on doit penser aussi à ce qui suivra la paix. (*Applaudissements.*) « Dans ce Paris, qui est redevenu la capitale de l'Europe de l'Ouest », se sont assemblés naguère des hommes d'Etat pour considérer les problèmes de l'après-guerre : des publicistes en ont pris occasion d'écrire que la guerre suivrait la guerre... Oui, mais la guerre la plus redoutable qui suivra est celle que Léon XIII a voulu prévenir, la guerre sociale, et voilà bien l'actualité du discours de l'évêque de Cork... L'encyclique *Rerum novarum* contient deux « idées germes », la doctrine du salaire vital, et l'idée de l'association du travail et du capital... Cette seconde idée est une idée venue de France, « car l'encyclique avait été anticipée par cette âme héroïque et ce penseur, le comte de Mun ». (*Applaudissements.*)

Mgr Touchet a la parole. Dès le premier mot, on sent que l'auditoire est à lui. Il félicite les catholiques d'Irlande de leur union, qu'ils doivent

à leur épiscopat si uni lui-même. L'évêque d'Or
léans a admiré hier à Maynooth l'assemblée de cet
épiscopat délibérant des intérêts communs à la collectivité des diocèses d'Irlande. Il sait quelle
étroite union existe entre les évêques d'Irlande et
le Siège apostolique, et dont témoignerait, s'il
était besoin, la fidélité à la doctrine sociale de
Léon XIII dont l'assemblée présente vient de
donner la preuve. Il remercie des paroles que le
cardinal Logue a dites de la France en ouvrant
la séance, et de l'hommage que M. Donovan a
rendu au comte de Mun. La France catholique
n'est pas « l'âme agonisante » que certains ima-
ginent, parce qu'ils ne l'ont pas visitée. Le béné-
fice qu'on a à se visiter est de se découvrir vivants
et forts. C'est la joie que nous avons à faire en ce
moment cette visite à l'Irlande catholique. Qu'elle
maintienne son union, si elle veut déjouer l'assaut
de l'anticléricalisme ! Les problèmes de l'après-
guerre auront leur jour. Le devoir présent est,
pour les catholiques français, dans l'effort généreux dont ils contribuent, avec toute la France, à
la guerre juste, à la guerre libératrice, qu'ils sou-
tiennent. Et l'évêque d'Orléans, encouragé par les
applaudissements de son auditoire, insiste avec
une belle bravoure sur le droit, que la France
défend, à l'intégrité de son sol, au recouvrement

de ses provinces perdues, à l'organisation de l'équilibre et de la liberté de l'Europe, condition aussi bien de la liberté du catholicisme dans le monde. Il salue en passant la mémoire du libérateur que fut O'Connell. Il termine en parlant des soldats de France et d'Irlande qui combattent côte à côte pour la justice, immortel idéal de nations croyantes et généreuses.

Mgr Lenfant succède à Mgr Touchet : missionnaire, il est frappé de l'œuvre de la *Catholic Truth Society*, et il tient à lui exprimer ses félicitations et ses vœux... Les deux évêques français se sont assis au milieu d'une ovation. La séance continue, suivant son ordre du jour. Nous entendons tour à tour le Lord Maire, puis l'archevêque de Cashel, puis le P. Thomas, qui font voter une motion de remerciements au cardinal Logue, et, la séance étant levée, nous sortons en traversant une foule animée et chaleureuse qui se presse pour baiser la main des évêques français, pour se faire bénir par eux.

*
* *

Jeudi 12 octobre, notre tâche est pour l'essentiel achevée. Nous assisterons ce soir à la réception que le cardinal donne, dans les salons du Gresham, aux membres de la *Catholic Truth Society*. Du thé, de la musique, pas de discours. Et pourtant, au dernier moment, les invités réclament avec une affectueuse insistance l'évêque d'Orléans, qui est requis de monter sur un gradin, et de dire encore quelques paroles aux assistants qui sont de ses auditeurs d'hier soir : il leur dit adieu, nos adieux.

Nos adieux encore sont dans l'interview que l'un de nous accorde à l'*Irish Independent* de Dublin (numéro du 13 octobre). Il y revient une fois de plus sur l'unanimité du sentiment national en France quant aux sacrifices que la guerre réclame de tous : « Nous n'avons rien refusé de ce qui pouvait aider le gouvernement de la République dans sa tâche libératrice. » La France est un pays où l'honneur national fait taire tous les ressentiments particuliers. Quant au succès final de notre effort, nous n'avons pas un doute, notre constance n'est à la merci d'aucune lassitude. Nous ne doutons pas davantage que l'union sacrée survive à la guerre, persuadés que nous n'aurons pas désarmé l'agression des empires de proie, pour tolérer ensuite chez nous les semeurs de haine. Notre visite en Irlande touche à son terme : demain nous serons à Armagh où le cardinal Logue nous fait l'honneur de nous inviter et de nous conduire ; nous nous embarquerons samedi matin et nous rentrerons en France par le plus court, parce que nous sommes venus en Irlande pour l'Irlande et rien que pour elle.

Nous visitons la bibliothèque de la vieille Université de Dublin, à Trinity College, dont le prévôt, M. Mahaffy, l'helléniste bien connu, a tenu à nous faire les honneurs. On met sous nos yeux les manuscrits qui sont les monuments les plus nationaux de la vieille Irlande. Celui-ci, un Nouveau Testament, est le fameux *Book of Armagh*, copié pour « l'héritier de Patrick », l'archevêque Torbach qui siégeait à Armagh en 812-813 : le manuscrit a encore sa besace en cuir moulé, qui témoigne que « l'héritier de Patrick » était d'un peuple de missionnaires et de voyageurs. Cet autre manuscrit est le *Book of Kells*, Kells ou Kennana, la célèbre abbaye où les moines d'Iona transportèrent, en 802, les reliques de saint Columba et peut-être aussi ce Nouveau Testament du début du viii⁰ siècle : le prix de ce manuscrit tient avant tout à son ornementation, spécimen, non pas unique, mais magnifique de l'art irlandais contemporain de notre art carolingien, et si à part de tout l'art occidental.

Nous visitons la Catholic University Church, petite église imitée de celles de l'antiquité chrétienne de Rome, habilement aménagée dans un terrain ingrat, sans extérieur, mais entièrement revêtue de marbres et de mosaïques, et d'une atmosphère intérieure chaude et recueillie. Dédiée à la sainte Vierge sous le vocable de *Sedes Sapientiae*, cette petite basilique, faite pour la prière et pour la prédication, a été bâtie par Newman du temps qu'il était recteur de l'Université catholique de Dublin, et l'idée architecturale est de lui : la chaire est celle où il prêcha, l'autel celui où il célébrait, et devant ce tabernacle il a prié, jusqu'au jour où il dut tout quitter dans les circonstances que l'on sait. Après sa mort, on a placé son buste en marbre, sur la droite de la nef, à une place d'honneur, et sur le cartouche on lit : « *John Henry Cardinal Newman, rector of the catholic University of Ireland*, 1852-1859 », discret et tardif hommage à un homme qui, appelé ici pour une noble tâche, a ici beaucoup souffert.

Le lendemain matin, vendredi 13 octobre, le cardinal Logue nous emmène à Armagh. Le Lord Lieutenant a mis à sa disposition pour ses hôtes son wagon-salon. En route, parcourant les journaux du matin pour prendre connaissance des dépêches de la guerre, nos yeux tombent sur une lettre adressée à l'*Irish Independent* par un anonyme qui signe : *Sacerdos regularis*, et qui reproche au cardinal Logue d'avoir parlé de la France comme de la fille aînée de l'Église : ce vocable, assure-t-il, est aujourd'hui aussi vain appliqué à la France que celui de « défenseur de la foi » appliqué au roi d'Angleterre. On sait que la presse du Royaume-Uni publie les lettres qu'elle reçoit avec l'indifférence qu'on met, dans un compte rendu de séance, à noter les interruptions même saugrenues. Demain (14 octobre), le même journal donnera la réplique d'un anonyme qui signe : *Alter sacerdos regularis*, et qui riposte, en bon scolastique, que « défenseur de la foi » est prédicat d'un individu, tandis que « fille aînée » l'est d'une collectivité : or..., donc... La France mérite toujours de l'Eglise : on en a une preuve, entre autres preuves qui pourraient s'aligner, dans la manière dont elle pratique le précepte du Christ : « Allez, enseignez toutes les nations », la France étant encore aujourd'hui le pays qui fournit le plus de missionnaires et soutient le plus de missions, puisqu'elle contribuait naguère au budget de la Propagation de la foi par un rapport de 4 009 990 francs sur une entrée totale de 6 820 273 francs. Cette riposte, vigoureusement administrée, s'intitule : *Cardinal Logue and France.*

Ce matin, le ciel est bas, la campagne mouillée : notre train nous mène rapidement le long de la côte, dans la direction de Belfast. A Drogheda,

nous traversons la Boyne et le champ de bataille
de la Boyne où, en 1690, les troupes de Guillaume
d'Orange battirent les Irlandais de Jacques II, un
des plus sanglants souvenirs de l'histoire de l'Irlande catholique, le dernier acte de la conquête,
de la confiscation de l'Irlande. Passé Newry, le
temps se découvre un peu : à un dernier détour
de la ligne, le cardinal nous montre sa ville, la
ville qu'il nous avait promise, la ville aux sept
collines, et, dominant les toits bleus et les ver-
dures, face à l'ancienne cathédrale devenue pro-
testante, la cathédrale catholique, neuve et sévère,
dressant ses deux flèches et la silhouette de sa
svelte masse sur la colline de l'*Ara caeli*.

Armagh est une vieille chose celtique, dont le
nom est mêlé aux origines de l'histoire en Irlande,
Ard Macha étant la « colline de Macha », et Macha
une des héroïnes de la légende irlandaise, quelque
trois siècles avant notre ère. La tradition fait
venir saint Patrick ici, en 444. A cette date
remonte la fondation de la première église d'Armagh, que les Normands brûlèrent au ixe siècle.
Relevée ensuite, refaite au xiiie siècle, elle fut
brûlée au xvie et à nouveau au xviie : elle a subi
le sort des vieux monastères irlandais et des
vieilles cathédrales irlandaises. Mais, tandis que
les monastères ne sont pas ressuscités de leurs

ruines, et que les cathédrales ont été dévolues aux protestants, les évêques irlandais, en ce dernier demi-siècle, se sont refait des cathédrales : il convenait que celle d'Armagh fût digne du siège primatial qu'elle abrite et du souvenir de saint Patrick. Elle est très belle, en effet : les lignes en sont pures et simples à l'extérieur, mais à l'intérieur on n'a rien épargné pour en faire une très riche chose. Si l'Irlande est pauvre, elle veut que ses églises soient belles et précieuses : aucune ne saurait l'être plus que celle d'Armagh, avec sa magnifique voûte de bois, ses vitraux, son revêtement de mosaïque, ses retables de marbre de Carrare, ses grilles de cuivre ouvragé... Ici encore, l'influence de l'art italien et de l'art munichois est sensible : des Irlandais de la Gaëlic League réclameraient aujourd'hui une décoration, sinon une architecture, plus irlandaise. La cathédrale d'Armagh n'en fait pas moins la joie du cardinal qui a pourvu et présidé à son achèvement, qui naguère lui donnait une sacristie luxueuse, et qui habite à son chevet dans une modeste maison de curé, presbytère caché dans la verdure, où les rouges-gorges de la colline viennent familièrement après son repas recevoir le leur de sa main.

Le cardinal, après nous avoir fait les honneurs

de sa cathédrale, veut que nous accomplissions avec lui une bonne action. Il nous conduit en automobile visiter aux portes d'Armagh le couvent des dames du Sacré-Cœur. « Nous y trouverons, nous a dit Son Eminence, des religieuses françaises et des religieuses belges, à qui vous apporterez une joie. » Ces chères âmes, en effet, sans se douter de rien, arrivent au parloir avec leurs sœurs irlandaises, et le bon cardinal leur fait la surprise de leur présenter dans les visiteurs qu'il amène quelque chose de leur patrie. De ma vie je n'oublierai l'émotion, mais l'émotion de joie, de ces réfugiées : « Des évêques français ! Mgr Touchet, Mgr Lenfant ! » Et tout de suite : « Ah ! Monseigneur, allons-nous à la victoire, au moins ? » Car toutes les peines de l'exil sont dominées par une angoisse, et cette angoisse est celle qu'on a pour le pays qu'on aime, et dont on n'a de nouvelles que par des coupures de journaux irlandais ou des coupures de la *Croix*. Les questions se pressent et se croisent : « Alors, vous êtes sûrs de la victoire ? Oh ! quel bonheur ! Si vous saviez combien nous prions pour nos soldats de là-bas !... M. l'abbé est aumônier à Verdun ? Si vous saviez comme en Irlande on a changé d'idée sur la France depuis Verdun ! » Ces religieuses sont des femmes du monde, dont les neveux, les frères sont au front : les leurs ont payé à la patrie la dette du sang ; elles y vont de leur angoisse. Jamais je n'ai senti mieux que dans le patriotisme de ces exilées l'unité de cœur de la France face à l'ennemi.

*
* *

Le lendemain matin, samedi 14 octobre, nous avons rejoint Kingstown, et nous nous sommes embarqués, par une mer très dure, saisissante image de la réalité qui va nous reprendre après ces quelques jours passés si loin de la guerre...

Un historien français a écrit de la race celtique, que, indifférente à l'admiration d'autrui, elle ne demande qu'une chose, qu'on la laisse chez elle. Et peut-être serait-ce là le désir secret de l'Irlande à l'heure présente. Qu'elle nous pardonne d'avoir essayé de plaider auprès d'elle la communauté des races idéalistes, dans cette grande guerre où toute l'Europe est entrée, et dont l'enjeu souverain est la liberté de l'Europe. Nous nous défendons contre une agression qui, si elle avait le dernier mot, serait la mutilation et l'assujettissement des nations vaincues. Nous voulons abriter dans la liberté de l'Europe l'inviolabilité de notre caractère, de notre patrimoine, de notre culture, de notre foi humaine et religieuse, de tout ce qui fait que nous sommes une nation. Quelle cause mérite mieux d'être comprise de l'Irlande, puisque c'est à une pareille cause qu'elle a fait jadis de si héroïques sacrifices ?

Il est des heures où le juste, s'il veut sauver la Justice, ne peut s'enfermer dans une tour d'ivoire, ni même s'estimer en sécurité dans une île, mais doit, se rappelant la parole évangélique, vendre sa tunique et acheter un glaive.

APPENDICE

———

**Lettre de S. Ém. le cardinal évêque de Montpellier
à Mgr Donnelly auxiliaire de Mgr l'archevêque de Dublin.**

ÉVÊCHÉ
DE MONTPELLIER

———

Montpellier, le 26 octobre 1916.

Monseigneur,

J'ai été fort sensible au souvenir que Votre Grandeur a bien voulu me donner, au cours de la séance solennelle où, devant vingt-six évêques, assemblés à Maynooth, deux de nos évêques français, des plus distingués par le zèle et l'éloquence, ont affirmé la sympathie et l'admiration de notre pays pour le vôtre.

Sous la plume, élégante et savante à la fois, de Mgr Batiffol, chanoine de Notre-Dame de Paris, j'ai remarqué l'aimable invitation que vous me faisiez de venir, à mon tour en pèlerinage, vers cette « Hibernie », cette « Ile verte », qui, avant l'Angleterre elle-même, a été appelée « l'île des Saints ».

N'a-t-elle pas été, dès les premiers siècles, le berceau de moines et de moniales dont les noms enrichissent et embaument nos martyrologes, et nos plus vieilles annales ?

Mais, Monseigneur, il n'y a pas que les longs espoirs et les vastes pensées qui soient défendus aux hommes très âgés, les voyages trop longs leur font peur, sans parler des torpilles à redouter.

Je me borne au voyage de Rome, devenu aujourd'hui plus facile, et qui m'a conduit souvent à l'église où repose le cœur d'O'Connell, dont les généreux battements remuèrent, dans le monde entier, les âmes catholiques.

Ma mère pensait avoir dans ses veines, quelques gouttes du sang des Lally-Tollendal et des O'Connell ; ce qui m'a valu d'être traité de cousin par le cardinal O'Connell, archevêque de Boston.

Mais surtout, Monseigneur, j'ai appris à connaître de loin le mérite de vos compatriotes, par le bonheur que j'ai eu d'être, dès mes premières années de sacerdoce, et pendant longtemps, attaché au prieuré des religieuses Augustines de l'Assomption, à Nîmes.

La supérieure de cette chère maison, aujourd'hui fermée, était une Irlandaise de noble et pieuse éducation. On eût facilement supposé qu'elle était descendue de quelque vitrail gothique, pour venir apprendre aux jeunes filles de notre temps l'attitude du recueillement et de la prière. Mère Marie-Walburge Howley, comme les moniales de jadis, aimait les lettres, les fleurs, les arts ; mais surtout elle aimait l'Église et ses cérémonies ; elle en vivait, et, lorsque sur sa robe violette elle avait jeté les larges plis de son manteau blanc, on croyait avoir la vision d'une compagne de sainte Gertrude ou de sainte Hildegarde. Avec elle était venue une de ses jeunes compatriotes, Sœur Marie-Laurence, frêle et blanche comme une colombe, et qui ne tarda point à prendre son vol pour le ciel, laissant son nom en héritage à d'autres religieuses de l'Assomption, appelées à marcher ici-bas sur ses traces.

L'Irlande donna encore au prieuré de Nîmes une autre de ses filles, miss Mac-Carthy, qui, sous le nom de Mère Marie-Gabrielle, fut d'abord l'élève de la sainte Mère Françoise-Eugénie, et plus tard lui succéda comme supérieure.

Belle et riche nature, loyale et dévouée, ardente à la prière, non moins ardente pour les œuvres de zèle et de charité, elle n'a quitté Nîmes que pour aller à Saint-Dizier vivre ses derniers jours près de la tombe de la Mère bien-aimée, qui l'avait formée à son image.

Ce n'est pas tout, Monseigneur ; ici même, à Béziers, j'ai trouvé, il y a plus de quarante ans, la communauté religieuse, fondée par le P. Gailhac. C'est une maison bien française par son esprit, sa formation, et par un grand nombre de ses sujets. Mais elle compte aussi beaucoup de novices irlandaises ; et quand, chaque année, au moment des prises d'habit, je leur fais passer « l'examen canonique », je suis ravi de voir ces jeunes filles offrir à mes regards leur visage candide et la clarté limpide de leurs yeux, comme le miroir de leurs âmes innocentes, sur lequel aucune tache n'a passé.

Chaque fois, c'est pour moi l'occasion de bénir les traditions de la race vigoureuse à laquelle saint Patrice a prêché la foi. Je n'oublie point « la brigade irlandaise », immortalisée à notre service par sa vaillance dans les guerres du XVIIe et du XVIII° siècle.

Il est donc bien vrai, Monseigneur, que votre pays et le nôtre sont unis, non pas seulement par des intérêts momentanés, mais par le fond même de nos origines, par celui de nos croyances, et par les inclinations mutuelles de nos caractères nationaux.

Encore merci, Monseigneur, d'avoir bien voulu garder de moi une si fidèle mémoire, et agréez, s'il vous plaît, pour vous et pour toute la hiérarchie irlandaise, l'hommage de mon humble et dévoué respect.

† A. Cardinal DE CABRIÈRES.

ÉVREUX, IMPRIMERIE CH. HÉRISSEY